**| 정브르**

138만 구독자를 보유한 생물 크리에이터. 곤충과 파충류부터 바다생물까지 다양한 생물을 소개하는 참신한 콘텐츠를 선보이며 생물 전문 크리에이터로 큰 사랑을 받고 있답니다. 유튜브 채널에서 동물 사육, 채집, 과학 실험 등의 재미있고 유익한 영상을 소개하고 있으며, 도서와 영화를 통해 고유의 콘텐츠와 더불어 동물을 사랑하는 마음까지 대중에게 알리고 있어요.

**1판 1쇄 발행** 2024년 7월 31일
**1판 4쇄 발행** 2024년 11월 29일

**발행인** | 심정섭
**편집인** | 안예남
**편집장** | 최영미
**편집자** | 이수진, 이선민
**브랜드마케팅 담당** | 김지선, 하서빈
**출판마케팅 담당** | 홍성현, 김호현
**제작** | 정수호

**발행처** | (주)서울문화사
**등록일** | 1988년 2월 16일
**등록번호** | 제 2-484
**주소** | 서울특별시 용산구 새창로 221-19
**전화 편집** | 02-799-9375  **출판마케팅** | 02-791-0708
**본문 구성** | 덕윤웨이브  **디자인** | 권규빈
**인쇄처** | 에스엠그린

ISBN 979-11-6923-940-0
　　　979-11-6438-488-4 (세트)

ⓒ정브르, ⓒSANDBOX NETWORK Inc. ALL RIGHTS RESERVED.

# 차례

**탐구** 브르의 별별 곤충 탐구 노트-① • 4

**1화** 브르네 개미 테마파크를 소개합니다! • 6
집개미 찾아 퇴치하기 • 13

**놀이** 브르의 숨은 그림 찾기 • 20

**2화** 괴물 여치에게 공격당한 브르 • 22
초대왕 메뚜기를 잡아라! • 32

**3화** 도심 속에 있는 무시무시한 말벌집 • 38
추억의 길거리 음식, 번데기의 정체는? • 42
침대 속에 숨어 있는 해충의 비밀! • 51

**4화** 브르의 채집 비법 대공개! • 62
브르의 신나는 잠자리 채집 • 70
모르고 잡으면 어마어마한 벌금이? • 76

| 탐구 | 브르의 별별 곤충 탐구 노트-② • 82

**5화.** 희귀 곤충 번식에 성공할 수 있을까? • 84
생태계를 위협하는 골칫덩어리 • 91

**6화.** 동남아시아의 신기한 곤충 관찰 • 102
미스터리한 암수모자이크 • 108
제주도의 멸종위기 곤충들을 만나다! • 116

**7화.** 왕사마귀의 사냥 능력은? • 124
유충들의 독특한 사냥 방식 • 130

| 놀이 | 브르의 미로 찾기 | • 140

정답 • 142

## 브르의 별별 곤충 탐구 노트-①

### 곤충이란?

지구에는 사람을 포함한 다양한 동물이 살고 있어요. 곤충이란 동물의 여러 분류 중 곤충강에 속하는 동물을 뜻해요.

지구상에 존재하는 수많은 동물 중 약 75%가 곤충이라고 해요. 지금까지 발견된 곤충은 약 80만 종으로, 아직 발견되지 않은 곤충도 많아요.

### 곤충의 몸 구조

곤충의 몸 구조는 크게 머리, 가슴, 배로 나눌 수 있어요. 곤충의 다리는 보통 6개고, 종에 따라 다르지만 1~2쌍의 날개가 있어요.

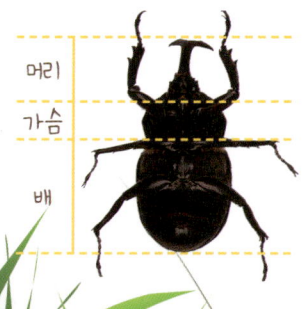

머리
가슴
배

곤충은 알에서 시작해서 여러 단계를 거쳐 성장해요. 곤충이 모습을 바꿔 가며 성장하는 걸 '탈바꿈'이라고 하는데, 탈바꿈은 완전 탈바꿈과 불완전 탈바꿈으로 나뉘지요. 알, 애벌레, 번데기 세 단계를 거쳐서 성충으로 성장하는 건 완전 탈바꿈, 애벌레에서 바로 성충으로 성장하는 건 불완전 탈바꿈이라고 해요.

## 곤충의 독특한 생활 방식

친구와 나의 생활 방식이 다른 것처럼, 곤충도 곤충마다 다양한 생활 방식이 있어요.

육지에서 사는 곤충도 있지만, 소금쟁이, 물장군처럼 물가 혹은 물속에서 생활하는 수서 곤충도 있어요. 수서 곤충은 가끔 물 위로 떠오르거나 공기 방울을 만드는 등 다양한 방법으로 호흡해요.

수서 곤충의 생활 방식

사회성 곤충의 생활 방식

서로 역할을 나누고 맡은 일을 하며 집단생활을 하는 곤충도 있어요. 대표적으로는 개미와 꿀벌이 집단생활을 하지요. 이런 곤충을 사회성 곤충이라고 부르기도 해요.

공생 관계인 곤충도 있지만, 기생하며 사는 곤충도 있어요. 동물의 피를 빨아 먹으면서 기생하는 모기와 빈대, 나비나 벌의 몸에 들어가 기생하며 자라는 기생파리가 대표적인 예이지요.

기생 곤충의 생활 방식

# 1화 브르네 개미 테마파크를 소개합니다!

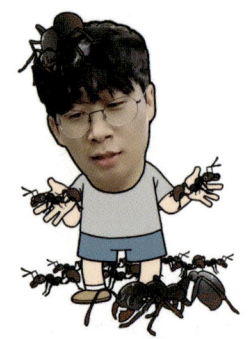

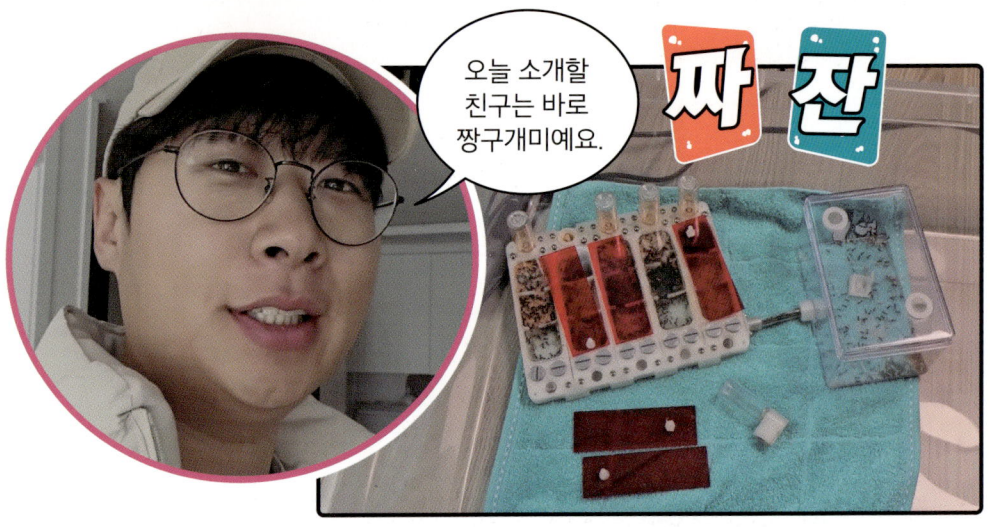

오늘 소개할 친구는 바로 짱구개미예요.

짜 잔

바글 바글

일개미들이 엄청 많아요.

먹이 탐색장에는 벽을 타고 올라오지 못하도록 벽에 개미 탈출 방지제 (플루온, 식용유, 활석가루 등)를 발라 놓기도 해요.

열심히 일하자!

브르, 안녕!

### 브린이를 위한 상식

결혼비행이란 개미, 벌과 같은 곤충들이 짝짓기를 하기 위해서 공중으로 날아오르는 것을 말해요. 종마다 결혼비행을 하는 시기가 다르며, 짱구개미는 주로 4~5월에 결혼비행을 해요.

집개미
찾아 퇴치하기

오늘은 서울에서 독특한 걸 채집하고 퇴치할 거예요.

조금 오래된 건물을 찾았어요.

오늘 만날 친구는 이렇게 균열이 생긴 틈을 비집고 들어가서 살고 있어요.

이 친구는 바로…

집개미입니다.

오래된 집에서 사는 집개미류인데, 엄청 작아요.

짠

들켰다!

### 브린이를 위한 상식

집 근처에 서식하는 개미를 집개미라고 불러요. 집개미 중 한 종류인 유령개미는 외국에서 한국으로 유입된 종으로, 크기가 작고 몸 색깔이 옅어서 발견하기가 쉽지 않아요.

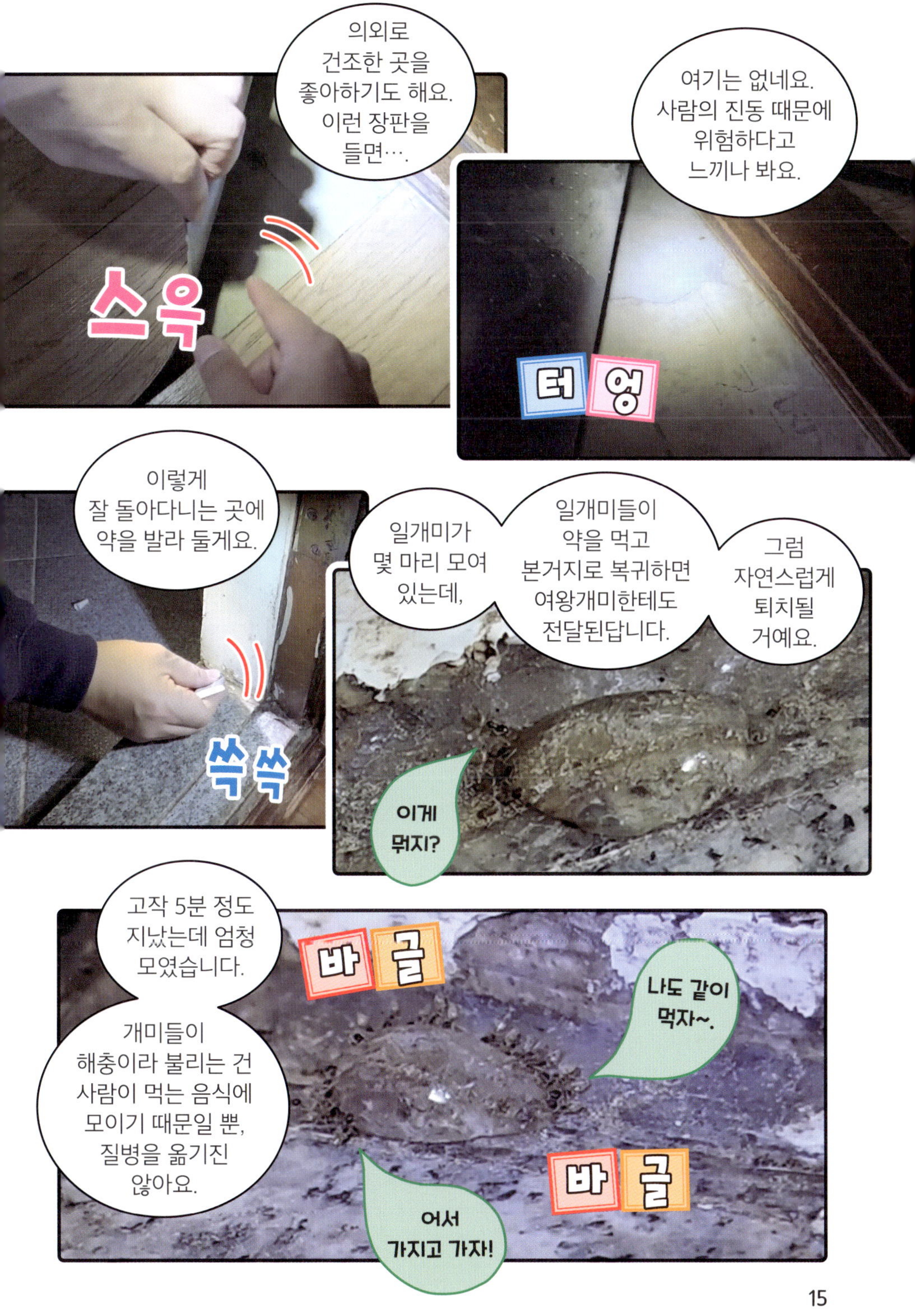

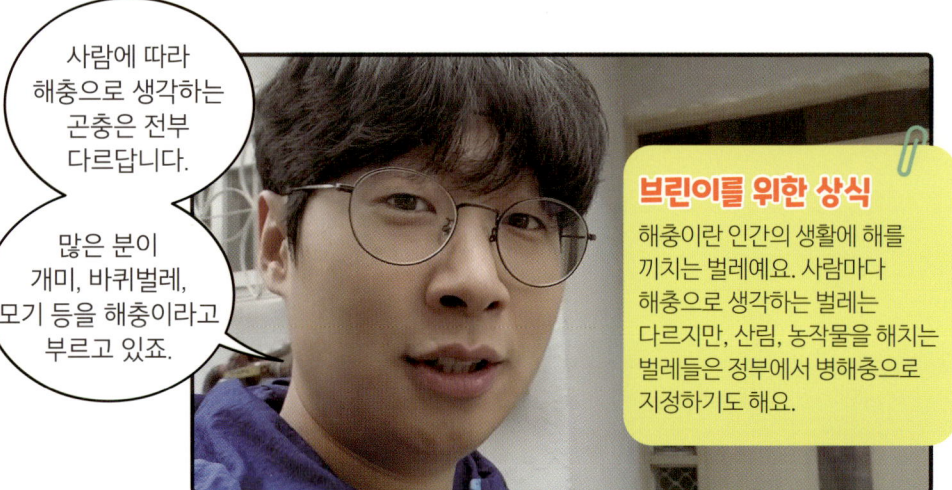

사람에 따라 해충으로 생각하는 곤충은 전부 다르답니다.

많은 분이 개미, 바퀴벌레, 모기 등을 해충이라고 부르고 있죠.

**브린이를 위한 상식**
해충이란 인간의 생활에 해를 끼치는 벌레예요. 사람마다 해충으로 생각하는 벌레는 다르지만, 산림, 농작물을 해치는 벌레들은 정부에서 병해충으로 지정하기도 해요.

여기에도 정말 많네요.

약을 발라 줄게요.

쏙 쏙

이게 바로 유령개미입니다. 일개미의 몸통이 투명해 보이죠.

유령개미

집개미 중에는 중국집개미라는 종도 있고,

중국집개미

제일 유명한 애집개미도 있어요.

애집개미는 저도 사육해 봤는데, 번식력이 정말 대단합니다.

애집개미

단순한 호기심에 키우다가는 온 집 안이 집개미로 가득찰 수 있으니, 키우기 전에 신중하게 결정해야 해요.

집개미를 보여 줄 수 있는 즐거운 시간이었습니다.

# 정브르의 곤충 탐구

개미는 집단을 이뤄서 땅속이나 썩은 나무 안에 집을 지어요. 집에는 애벌레 방, 먹이를 보관하는 방 등 여러 개의 방이 있지요.

### ★정브르의 곤충 탐구★

**곤충 이름: 가시개미**

가시개미는 가슴 뒷부분에 날카로운 가시가 있어요. 여왕개미가 되면 다른 개미의 군체에 몰래 들어가 페로몬을 흉내 내면서 그 군체의 여왕개미 행세를 한다는 특징이 있어요.

- 크기: 최대 1cm
- 먹이: 벌레, 과일 등
- 사는 곳: 썩은 나무, 땅속

영상으로 확인해 봐요!

## ★개미와 진딧물의 공생 관계★

전 세계에 널리 분포해 있는 개미는 종에 따라 다양한 동식물과 이익을 주고받으며 살아가요.

개미와 공생 관계인 생물로는 진딧물이 있어요. 개미는 진딧물의 천적인 무당벌레로부터 진딧물을 보호하고, 진딧물은 식물의 즙을 먹고 당분을 배설하면서 개미에게 달콤한 영양분을 주지요.

진딧물

개미와 진딧물

# 브르의 숨은 그림 찾기

꼭꼭 숨어 있는 그림 5개를 찾아보세요.

## 2화
# 괴물 여치에게 공격당한 브르

오늘은 풀벌레 중에서 여치베짱이라는 친구를 찾아볼 거예요.

풀벌레를 채집할 때는 소리를 듣고 추적합니다.

주로 이렇게 갈대가 무성한 곳에 풀벌레들이 많아요.

엄청 큰 여치를 잡았습니다.

산란관이 있는 것을 보니 암컷이네요.

맨손으로 물리면 많이 아프니 조심해야 해요.

섬중베짱이

이거 놔!

콰악

\*약충: 불완전 변태를 하는 곤충의 애벌레.
\*종령: 유충의 탈피 횟수에 따라 령이라는 단위를 붙이며, 마지막 령의 끝부분을 종령이라고 부름.

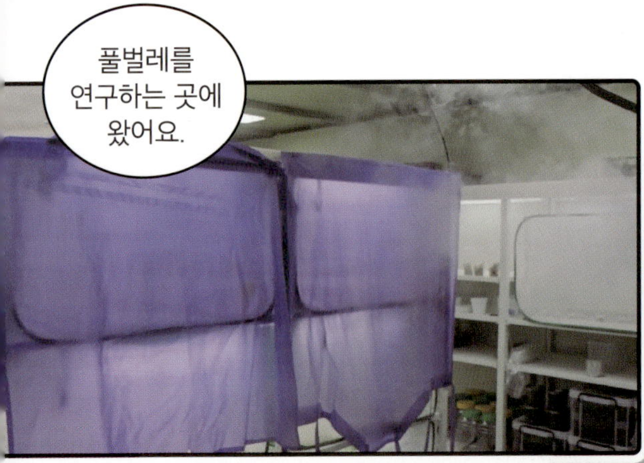

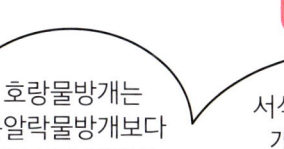

줄무늬물방개

검정물방개

등딱지 무늬가 정말 다양하죠?

제주도에서만 볼 수 있는 큰알락물방개를 보기 위해 제주도를 찾는 분도 많아요.

큰알락물방개

호랑물방개는 큰알락물방개보다 조금 더 희귀해요.

서식지도 한정적이고 개체 수도 적은데, 큰알락물방개와 서식지가 겹쳐서 이 친구들이 개체 수로 밀리기까지 했거든요.

호랑물방개

아담스물방개는 흔히게 볼 수 있어서 전시용으로 많이 쓰고 있어요.

아담스물방개

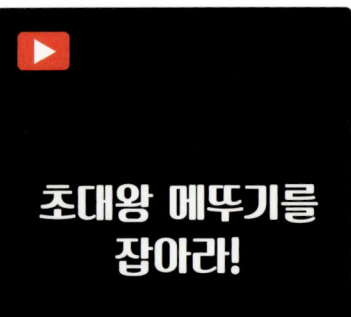

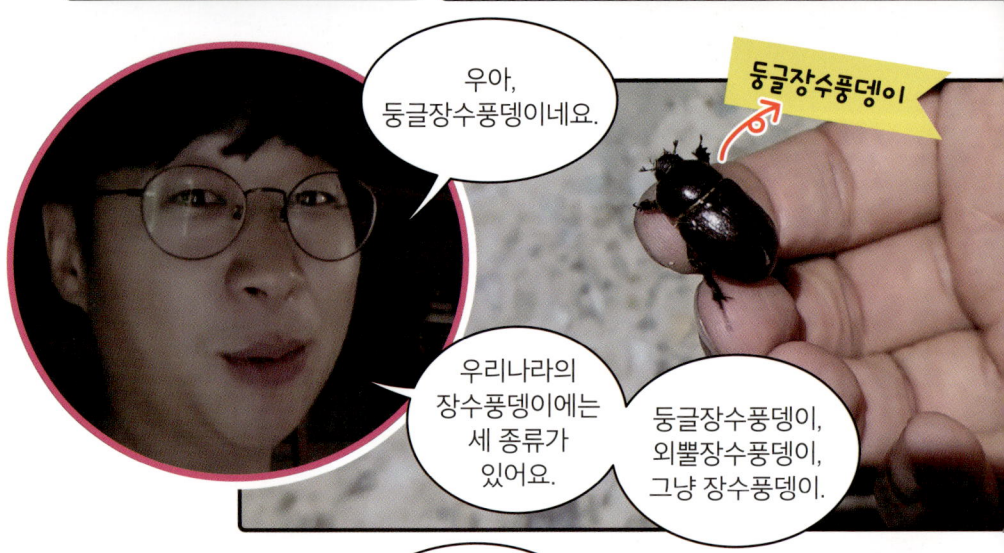
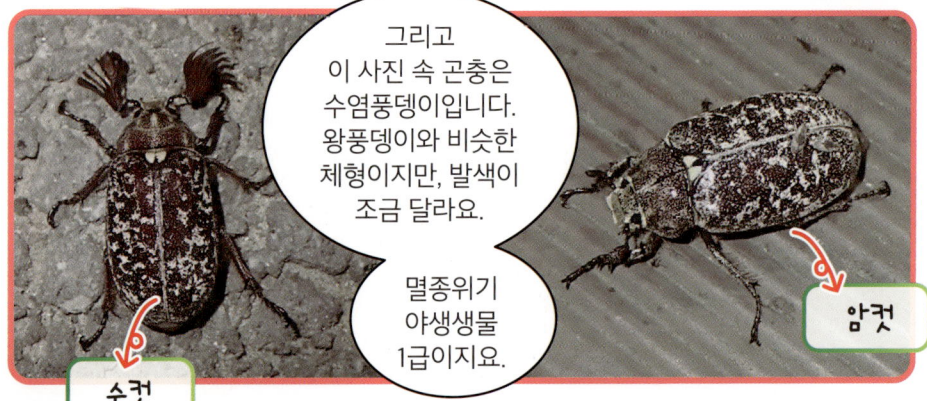

**브린이를 위한 상식**
풀무치는 메뚜깃과 곤충으로 앞날개에 갈색 무늬가 있어요. 주로 벼와 같은 식물을 먹으며 살아가기 때문에 농작물에 피해를 주기도 하지요.

**브린이를 위한 상식**
턱이 커다란 큰조롱박먼지벌레는 언뜻 보면 사슴벌레와 헷갈리기 쉬워요. 바닷가의 모래에 깊은 구멍을 파고 숨어 지내며, 밤이 되면 올라와 먹이를 사냥해요.

넓적사슴벌레

넓적사슴벌레다!

우리나라에서 8cm 이상 자라는 대형종에 속하는 사슴벌레인데, 이 친구는 소형이네요.

이 친구는 팥중이라는 친구인데 풀무치에 비해서는 작아요.

메뚜깃과 곤충 중에 팥중이와 콩중이가 있는데, 그중 팥중이 갈색형을 발견했네요.

팥중이는 가슴판에 줄무늬가 있는 게 특징이에요.

줄무늬가 없는 애들은 콩중이일 가능성이 큽니다.

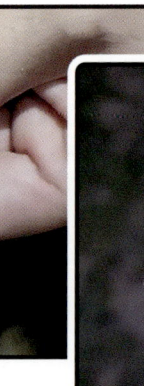

팥중이

팥중이와 풀무치를 비교해 보면 크기 차이가 확실하죠?

이 친구는 팥중이 녹색형이에요.

풀무치

**브린이를 위한 상식**

방아깨비는 가을 들판에서 쉽게 발견할 수 있는 메뚜깃과 곤충으로, 암컷이 수컷보다 훨씬 커요. 뒷다리가 잡히면 탈출하기 위해서 방아를 찧는 것처럼 움직이지요.

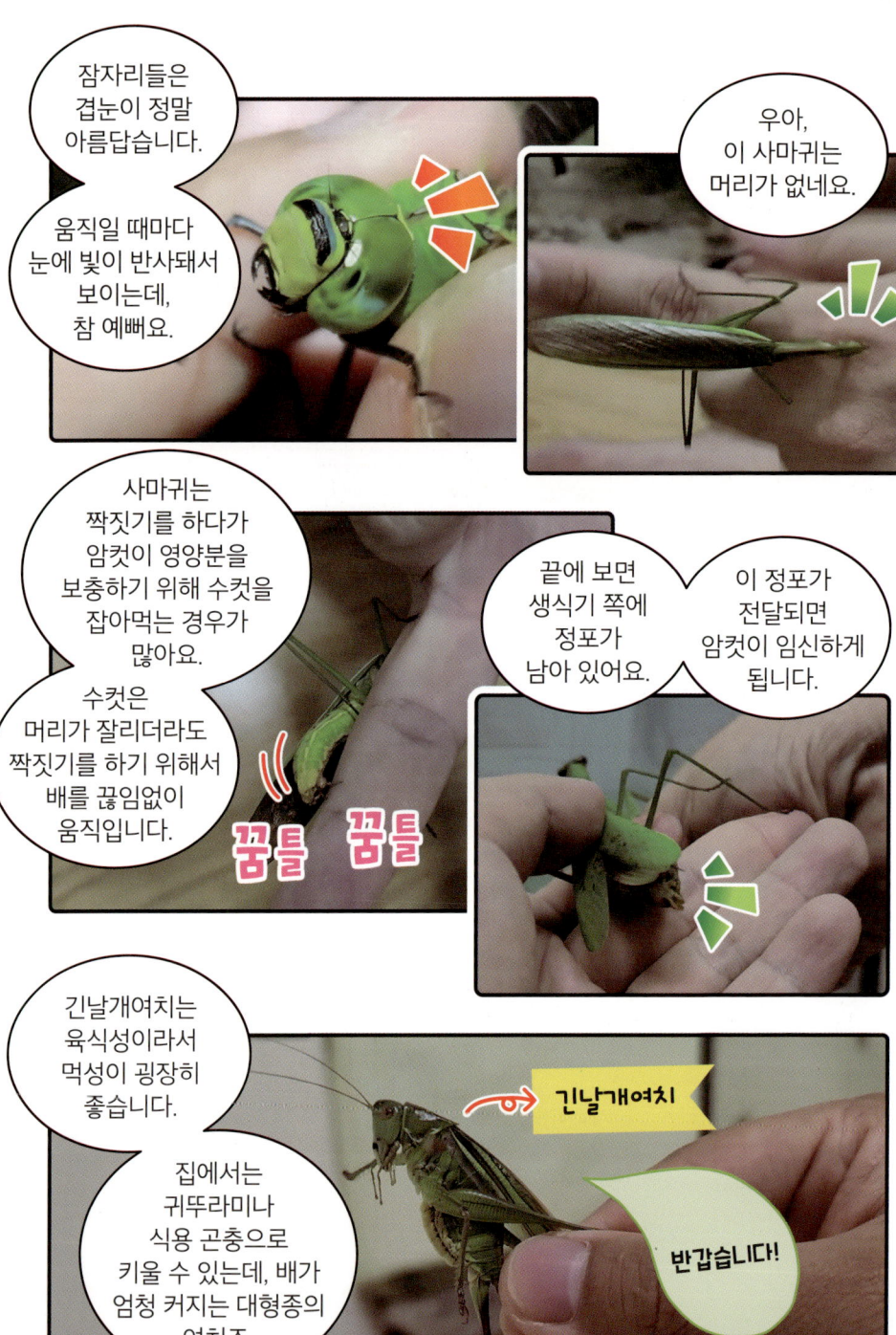

## 정브르의 곤충 탐구

메뚜기는 주로 들판이나 논에 서식하는 곤충으로, 뒷다리가 발달하여서 잘 뛸 수 있어요.

★정브르의 곤충 탐구★

**곤충 이름: 벼메뚜기**

벼메뚜기는 이름처럼 벼가 많은 논이나 경작지 주변에 서식해요. 벼, 조, 밀과 같은 작물을 갉아 먹어서 농사에 피해를 주기도 해요.

· 크기: 약 3cm
· 먹이: 볏과 식물
· 사는 곳: 논이나 경작지 주변

영상으로 확인해 봐요!

### ★산에서 뛰는 곤충, 메뚜기★

메뚜기는 '뫼(山)'와 '뛰기'가 합쳐진 이름으로 산에서 뛰어다니는 곤충이라는 뜻이에요.

메뚜기는 주로 벼와 같은 농작물을 먹으며 살아가요. 먹성이 좋고 개체 수가 많아서 농사에 피해를 주는 해충이에요. 하지만 늘어나는 인구에 비해 줄어드는 식량 문제를 해결할 미래 식량이기도 하지요.

메뚜기

벼

# 3화
## 도심 속에 있는 무시무시한 말벌집

**브린이를 위한 상식**

몸길이가 약 20mm까지 커지는 뱀허물쌍살벌은 뱀 허물처럼 아래로 길게 늘어진 벌집을 짓는 말벌이에요. 먼저 공격하진 않지만, 벌집이나 벌집 주변을 건들면 날아와서 공격해요.

이건 말벌과에 속하는 뱀허물쌍살벌이에요.

보통 말벌들은 다 함께 비행해서 공격하는데,

뱀허물쌍살벌은 군집하려는 성향이 있어서 잘 안 날아요.

다른 말벌에 비해 그나마 순한 편이지만, 사람이 많은 곳에 있으면 위험하니 제거해 줘야 합니다.

**안전장비 착용하고 출동!**

벌집의 방의 수가 100개 이상인 대군체입니다.

이 친구들은 자연에서 애벌레 형태로 동면하기 힘들어요.

그래서 추워지면 여왕벌만 땅속이나 바위 틈, 나무 속에 들어가서 동면하고 나머지 벌들은 전부 생을 마감하지요.

침을 보여 줄게요.

말벌은 침을 넣었다 뺐다 할 수 있는 특징이 있습니다.

찔려 볼래?

### 브린이를 위한 상식

말벌의 독침은 돌기처럼 도드라진 부분이 없고 바늘같이 뾰족해서 찔렀다가 다시 빼는 게 가능해요. 하지만 말벌과 달리 꿀벌의 독침은 갈고리 모양으로 생겨서 한 번 찌르면 다시 뺄 수 없어요.

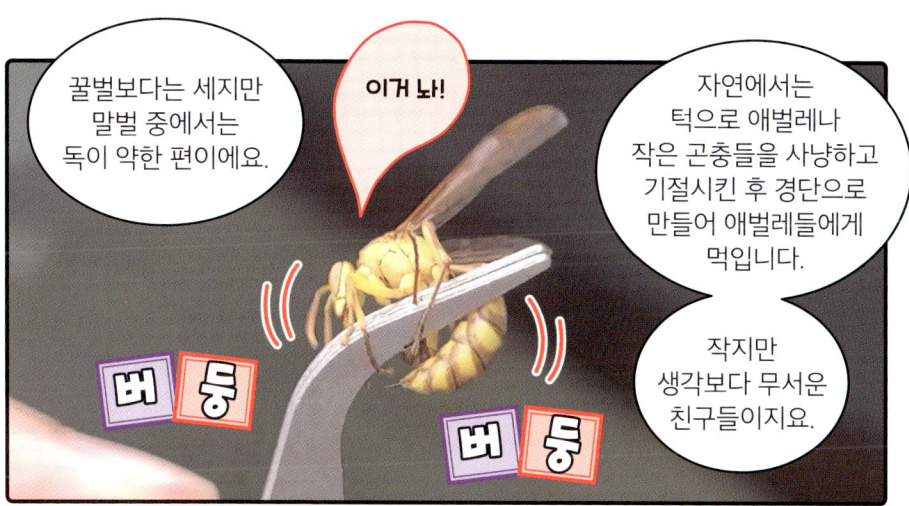

## 추억의 길거리 음식, 번데기의 정체는?

오늘은 누에를 소개해 줄게요.

이곳은 누에를 연구하고 사육해서 판매하는 농장입니다.

여러 양식장과 농장을 다녀 보았지만 누에 농장은 저도 처음이에요.

누에는 알에서 깨어나서 평생 뽕잎만 먹고 자랍니다.

누에의 성장 단계는 총 5령까지 있는데, 여기 보이는 누에는 2령 1일차예요.

꾸물 꾸물

### 브린이를 위한 상식

누에가 먹는 뽕잎은 뽕나무의 잎이에요. 뽕나무는 온대, 아열대 지방에 널리 서식하는 나무로, 옛날부터 비단을 만들기 위해 많이 키웠어요. 뽕나무의 열매인 오디는 약재로도 사용되지요.

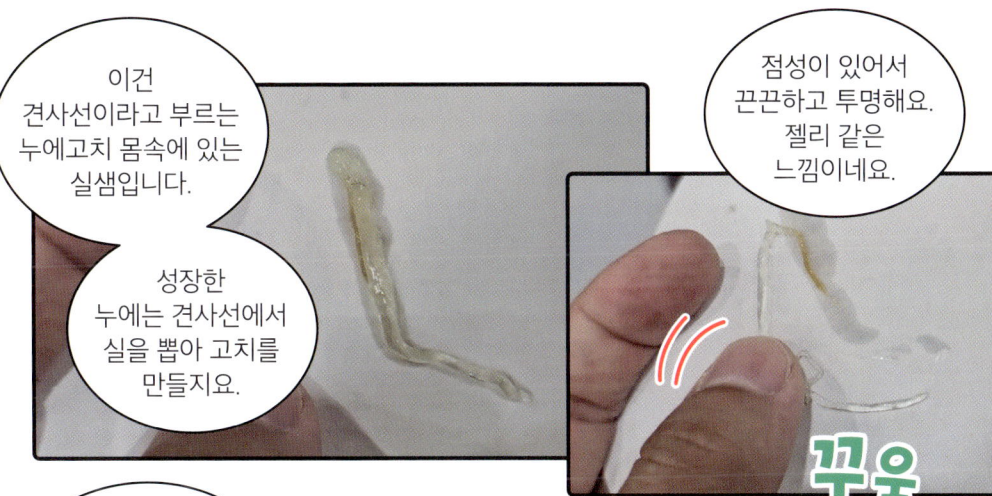

이건 견사선이라고 부르는 누에고치 몸속에 있는 실샘입니다.

성장한 누에는 견사선에서 실을 뽑아 고치를 만들지요.

점성이 있어서 끈끈하고 투명해요. 젤리 같은 느낌이네요.

꾸욱

누에가 먹는 뽕잎에는 단백질과 아미노산, 미네랄, 비타민 등이 많이 들어 있어요.

동의보감에 나올 정도로 사람들 몸에 좋고 파충류나 양서류 먹이로도 많이 쓰인답니다.

이건 누에가 뽕잎을 먹고 소화시킨 거예요.

누에는 뽕잎만 먹기 때문에 뽕잎이 없으면 굶어 죽고 말아요.

## 브린이를 위한 상식

번데기 상태의 누에를 삶아서 만든 음식이 바로 번데기예요. 명주실을 만드는 과정에서 나온 번데기를 간식으로 먹는 것이지요. 길거리에서 자주 볼 수 있고, 통조림 등의 상품으로도 판매하고 있어요.

이 번데기를 끓이거나 건조시키면 길거리에서 흔히 파는 번데기라는 음식이 됩니다.

누에고치 하나는 실 한 가닥으로만 이루어져 있고

실의 길이는 1km 내외예요.

이 고치의 실을 풀어서 명주실을 만들고, 옷을 만든다는 게 정말 신기하죠?

실의 시작점은 고치 가장 바깥쪽에 있고, 끝점은 고치 가장 안쪽에 있어요.

따뜻한 물에 고치를 담가서 젓가락으로 젓다 보면 끝이 풀린다고 해요.

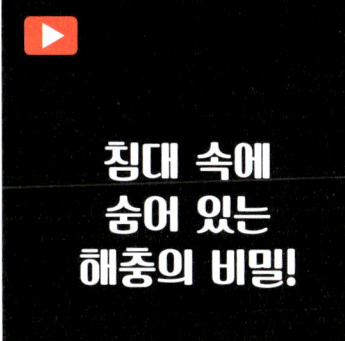
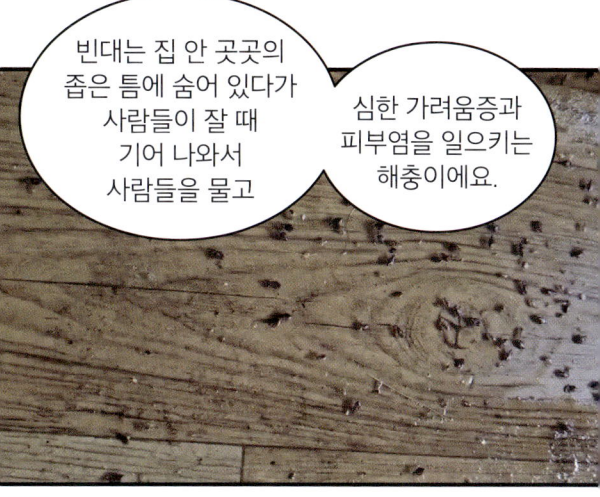

빈대는 집 안 곳곳의 좁은 틈에 숨어 있다가 사람들이 잘 때 기어 나와서 사람들을 물고

심한 가려움증과 피부염을 일으키는 해충이에요.

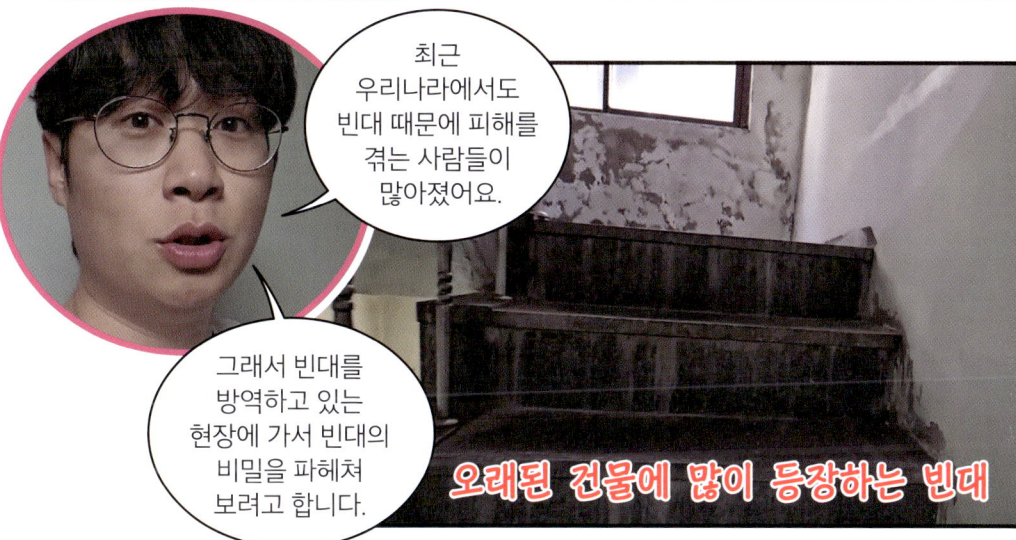

최근 우리나라에서도 빈대 때문에 피해를 겪는 사람들이 많아졌어요.

그래서 빈대를 방역하고 있는 현장에 가서 빈대의 비밀을 파헤쳐 보려고 합니다.

오래된 건물에 많이 등장하는 빈대

저게 전부 빈대의 배변 흔적들이에요.

개체 수가 많았는데, 1차 *방역으로 많이 없어졌어요.

알에서 추가로 나오는 빈대들을 없애기 위해 2차 방역도 합니다.

*방역: 감염병이 발생하거나 유행하는 것을 미리 막는 일.

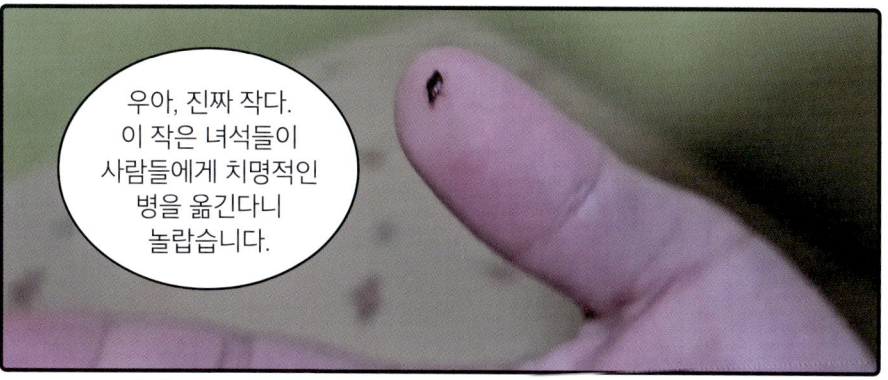

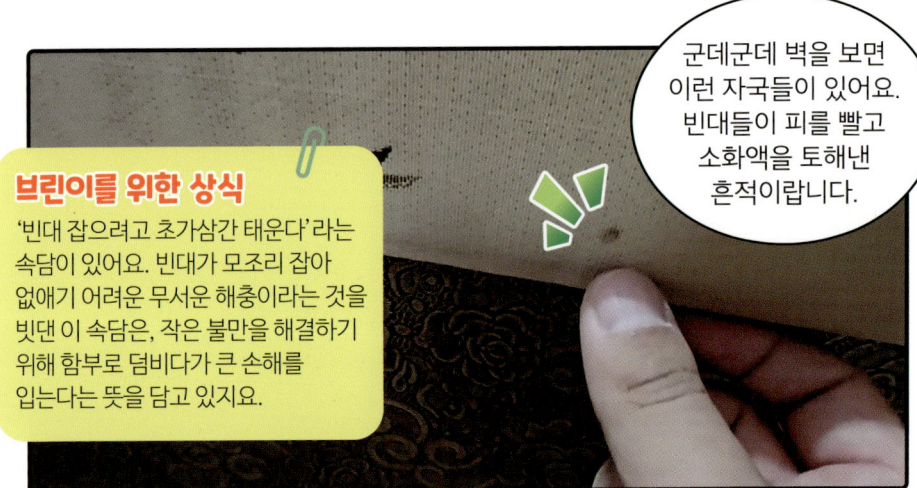

**브린이를 위한 상식**

빈대처럼 인간의 위생에 피해를 주는 대표적인 해충으로 모기, 바퀴벌레, 파리 등이 있어요. 특히 파리는 질병을 옮긴다고 알려져 있는데 모기처럼 흡혈하는 종도 있답니다.

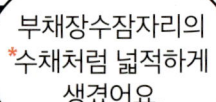

이 작은 녀석이 사람의 피를 몸 크기의 10배까지 먹을 수 있다고 합니다.

부채장수잠자리의 *수채처럼 넓적하게 생겼어요.

부채장수잠자리 수채

노린재목의 빈대속의 빈댓과입니다. 전 세계적으로 빈대가 70여 종이 있는데,

우리나라에는 토착종인 빈대와 외래종인 반날개빈대 두 종이 많이 발견됩니다.

배를 꽉 눌렀더니, 노린재의 전형적인 특이한 냄새가 심하게 납니다.

머리, 가슴, 배로 나뉜 곤충이고,

더듬이는 네 마디로 되어 있네요.

구리 구리

*수채: 잠자리의 애벌레.

# 정브르의 곤충 탐구

곤충 중에는 우리에게 도움을 주는 익충도 있고,
큰 피해를 주는 해충도 있어요.

### ★정브르의 곤충 탐구★

**곤충 이름: 애수시렁이**

애수시렁이는 마른 곡물이나 음식, 천연 섬유 등을 갉아먹으며 살아가는 곤충이에요. 양털이나 가죽 같은 옷감에 구멍을 뚫어서 피해를 주는 해충이지요.

· 크기: 약 3~5mm
· 먹이: 곡물, 천연 섬유 등
· 사는 곳: 따뜻하고 건조한 곳

영상으로 확인해 봐요!

## ★도움이 되는 익충과 해가 되는 해충★

대표적인 익충으로는 벌꿀을 만들고 식물의 수정을 돕는 꿀벌과 바퀴벌레 같은 해충을 잡아먹는 그리마(돈벌레)가 있어요. 해충으로는 나무로 만든 건물을 갉아먹어 집을 무너뜨리는 흰개미가 있지요.

해충과 익충의 구별은 사람의 관점에 따라 달라져요. 그리마(돈벌레)는 익충이지만 배설물이 피부에 묻으면 알레르기를 유발한다는 점에서 해충으로 보기도 해요.

꿀벌

흰개미

# 4화
## 브르의 채집 비법 대공개!

오늘은 사슴벌레를 잡으러 산에 왔어요.

사슴벌레는 보통 참나무가 많은 곳에 살아요. 8월 말이나 9월 초에 가면 못 잡을 확률이 높습니다.

길가의 불빛을 보고 날아와서 로드킬을 당하는 경우도 종종 있어요.

넓적사슴벌레 암컷인데 온몸에 흠이 엄청 많죠. 이건 야생에서 오래 살았다는 증거고,

광택이 좋고 깔끔한 친구들은 태어난 지 얼마 안 된 거예요. 이 친구는 1년생인 것 같네요.

넓적사슴벌레

### 브린이를 위한 상식
넓적사슴벌레는 우리나라에서 쉽게 발견할 수 있는 사슴벌레예요. 나무가 많은 산에 서식하며, 주로 참나무에서 자주 발견되지요. 밤에는 불빛을 보고 날아오기 때문에 가로등 주변에서도 발견할 수 있어요.

산물결나방

*은어: 어떤 계층이나 집단, 전문가 사이에서 빈번하게 사용하는 말.

**브린이를 위한 상식**

몸이 연한 초록색인 선녀벌레는 성충의 몸길이가 약 5mm일 정도로 작아요. 선녀벌레의 한 종인 미국선녀벌레는 과일나무에 큰 피해를 줘서 현재 외래 해충으로 분류되어 있어요.

이곳에 제가 좋아하는 곤충이 많다고 해서 바로 달려왔어요!

**브르의 신나는 잠자리 채집**

잠자리가 되는 중이야!

어리장수잠자리

바로 어리장수잠자리예요. 이름은 장수잠자리지만 왕잠자릿과입니다.

지금 성충으로 우화하고 있네요.

이런 걸 보고 놀라는 분들이 있는데,

이건 어리장수잠자리 수채의 탈피각이에요.

**브린이를 위한 상식**

잠자리는 알에서 부화해서 애벌레가 된 후, 번데기 과정을 거치지 않고 바로 성충이 되는 불완전 변태 곤충이에요. 잠자리처럼 불완전 변태를 하는 대표적인 곤충으로는 매미, 메뚜기 등이 있어요.

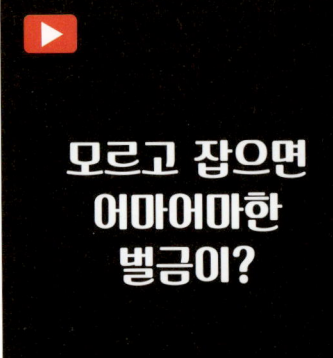
모르고 잡으면 어마어마한 벌금이?

제주도에서 등화채집을 할 거예요. 어떤 친구들이 찾아 올까요?

바글 바글
여기 맛집이네.
설치해 놓은 바나나 트랩에 풍이가 정말 많이 왔어요.
풍이

우리나라 매미 중에 가장 큰 말매미의 허물이에요.
말매미 허물

저녁이 되니까 청풍이가 날아왔어요.
색깔이 정말 예쁘네요.
감 탄
청풍이

**브린이를 위한 상식**
풍이는 꽃무짓과에 속하는 작은 딱정벌레로, 평균 몸길이가 23~29mm예요. 보통 몸빛깔은 갈색을 띠지만, 일명 청풍이라고 불리는 개체처럼 파란색을 띠는 개체도 있어요.

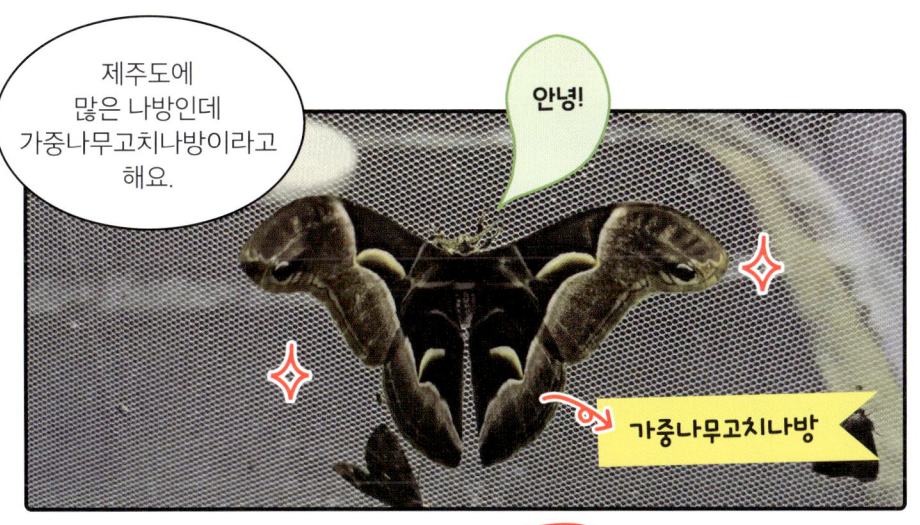

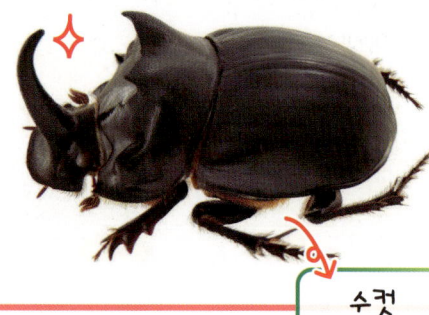

# 정브르의 곤충 탐구

단단한 딱지날개가 있는 딱정벌레는 나무의 수액, 동물의 사체, 작은 동물 등 다양한 먹이를 먹으며 살아가요.

### ★정브르의 곤충 탐구★

**곤충 이름: 털보왕사슴벌레**

털보왕사슴벌레는 해남에서 처음 발견된 곤충으로, 주로 해남에서 서식하는 한국 고유종이에요. 어두운 나무 구멍 속을 좋아하는 습성이 있어요.

- 크기: 약 10mm~25mm
- 먹이: 나무 수액 등
- 사는 곳: 나무 속

## ★딱정벌레목의 대표적인 곤충★

딱정벌레목에는 세기 어려울 만큼 다양한 곤충이 속해 있는데 그중 가장 대표적인 곤충이 장수풍뎅이와 사슴벌레예요. 두 곤충 모두 커다란 몸과 멋진 턱을 자랑하지요.

비슷하게 생긴 두 곤충은 자세히 보면 다른 점이 많아요. 장수풍뎅이는 성충으로 성장한 뒤의 수명이 약 2~3개월이지만 사슴벌레는 종에 따라 약 1~2년까지도 살아요.

장수풍뎅이 / 사슴벌레

## 브르의 별별 곤충 탐구 노트-②

### 별별 곤충 상식

호주에 서식하는 불독개미는 몸 크기가 크고 공격적이에요. 침에는 독이 있어서 날카로운 침으로 사냥감의 몸속에 독을 주입하여 사냥하지요.

곤충 이름: 불독개미

곤충 이름: 좀

우리나라에만 분포하는 좀은 벽지, 옷, 종이 등을 갉아먹으면서 살아가요. 먼 옛날 고생대 때부터 지구에 존재했다고 추측되는 살아 있는 화석이지요.

집게벌레는 이름처럼 집게로 먹이를 사냥해요. 습하고 축축한 곳을 좋아하며, 새끼를 기르지 않는 다른 곤충과 달리 집게벌레의 암컷은 새끼가 성장할 때까지 열심히 보호해요.

곤충 이름: 집게벌레

곤충 이름: 장구애비

하천이나 저수지에 사는 장구애비는 몸이 길쭉하고 납작한 모양이에요. 호흡관이 따로 있어서 물 위로 호흡관을 내밀어서 숨을 쉬는 것이 특징이에요.

삼엽충딱정벌레는 인도와 동남아시아에 서식하는 곤충이에요. 고생대에 존재했던 삼엽충을 닮은 모습 때문에 삼엽충딱정벌레라는 이름이 붙었어요.

곤충 이름: 삼엽충딱정벌레

곤충 이름: 난초사마귀

동남아시아의 열대우림에 주로 서식하는 난초사마귀는 몸이 난초와 비슷한 색이에요. 꽃으로 완벽하게 위장하여 몸을 숨기고, 먹이를 사냥해요.

# 5화
# 희귀 곤충 번식에 성공할 수 있을까?

"오늘은 정말 귀한 친구를 소개해 줄게요."

"영양사슴하늘소 암컷이에요. 크기는 약 5.6cm 입니다."

"이름은 하늘소지만 거저리에 가까워서 사슴하늘소붙이과에 속하지요."

반가워.

영양사슴하늘소

"분류학적으로도 그렇지만 생김새도 거저리랑 매우 비슷해요."

"애벌레도 하늘소랑 확실히 다르게 생겼어요."

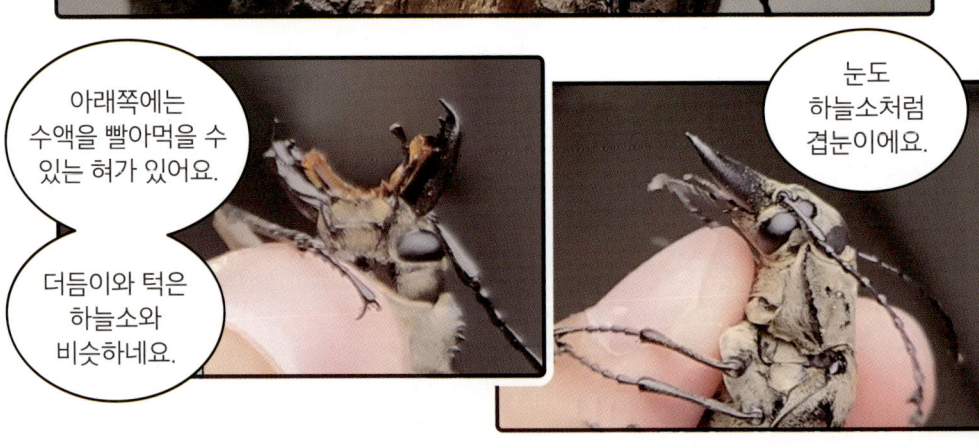

자세히 보면 몸에 털이 아주 많아요.

원래 1년에 몇 마리만 발견됐었는데, 채집지가 발견되고

사람들이 많이 채집하면서 꽤 많은 개체들이 발견되고 있어요.

빨리 많은 연구가 이루어져서 생태적으로도 널리 알려졌으면 좋겠어요.

우리를 더 연구해 봐!

산란장을 만들어 줄게요.

수분을 아주 많이 머금은 참나무 산란목이 필요합니다.

좌악

좌악

산란목을 물에 적셔줘요.

자연에서 영양사슴하늘소는 나무나 나무토막 아래에 산란하는 것 같아요.

애벌레

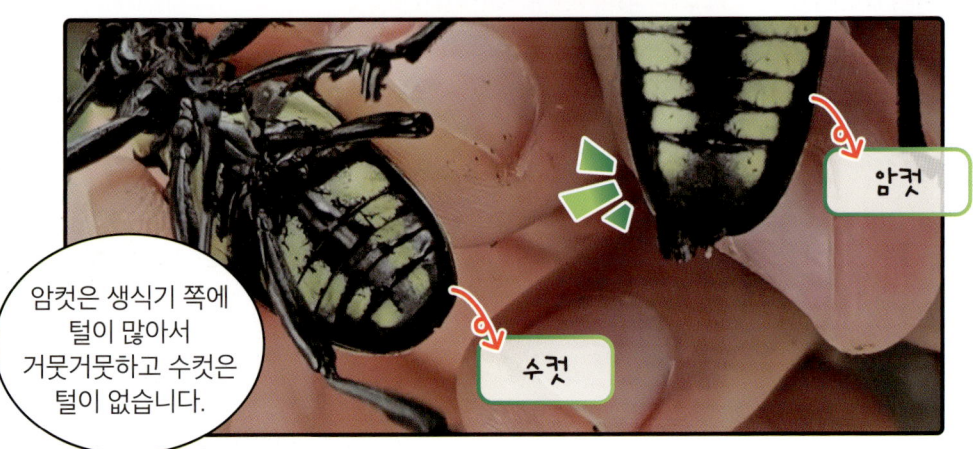

"야간에 아래에서 비춰 보면 갉아먹은 흔적이 보여요."

"여긴 이미 성충들이 와서 활동했다는 증거예요."

"유충들은 나무 속을 갉아먹고, 성충들은 껍질을 갉아먹으면서 나무의 안과 밖을 모두 괴롭히는 거예요."

뿔꼬마사슴벌레

"더 심각한 건 제주도에는 멸종위기 야생생물 2급 지정을 추진 중인 뿔꼬마사슴벌레가 있는데,"

"뿔꼬마사슴벌레와 노랑알락하늘소 모두 팽나무를 먹습니다."

"노랑알락하늘소가 팽나무를 모두 갉아먹는다면 뿔꼬마사슴벌레의 생태가 위험해지겠죠."

"이 외래종 하늘소가 유입된 방법을 생각해 보면 나무 속의 애벌레가 유입되고 그게 성충이 되었을 수도 있어요."

"아니면 외래종을 밀수해서 방생한 경우도 있겠죠?"

"한 쌍이 번식하고 계속 퍼지는 경우, 선박에 붙어서 넘어 오는 경우 등"

"다양한 가능성이 있지만"

"제일 유력한 건 나무를 수입할 때 그 안에 애벌레가 있지 않았을까 하는 겁니다."

"여기 있는 팽나무 자체를 다 잘라 내지 않는 이상 전부 퇴치하기는 어려워요."

"심지어 제주도에는 팽나무를 보호수로 지정하는 곳이 많아서 정말 큰일입니다."

졸참나무하늘소

"생나무를 파먹는 우리나라 토종 하늘소도 많은데 그중 하나가 졸참나무하늘소예요."

"이 친구는 참나무나 상수리과 나무 등을 파먹고 살아가는데, 그중에서도 졸참나무를 제일 좋아해서 졸참나무하늘소라고 불러요."

물론 장수풍뎅이, 사슴벌레, 멋쟁이딱정벌레 등이 하늘소가 뚫은 구멍에서 나오는 참나무 수액을 잘 먹고 살아가기 때문에

하늘소는 해충이지만 생태계에 꼭 필요해요.

하지만 외래종 하늘소는 생태계를 망치는 역할을 하고, 팽나무가 불필요하게 많이 죽기 때문에 확실히 퇴치해야 하지요.

벚나무사향하늘소 ♂

벚나무사향하늘소도 벚꽃나무를 다 갉아먹는 무서운 해충입니다.

해충이 퇴치되지 않으면 벚나무가 다 없어질 수도 있어요.

### 브린이를 위한 상식
노랑알락하늘소처럼 나무에 피해를 주는 대표적인 해충으로는 하늘소 종류와 비단벌레, 매미 등이 있어요. 특히 매미는 나뭇가지에 구멍을 뚫고 알을 낳는데, 나뭇가지를 말라 죽게 만들지요.

# 정브르의 곤충 탐구

하늘소는 딱정벌레목 하늘솟과에 속하는 곤충이에요.
유충은 주로 썩은 나무를, 성충은 꽃, 나뭇가지 등을 먹어요.

★정브르의 곤충 탐구★

**곤충 이름: 벚나무사향하늘소**

긴 더듬이가 특징인 벚나무사향하늘소는 벚나무 등에 서식해요. 애벌레일 때는 나무를 파고 살아서 나무에 큰 피해를 주는 해충이에요.

· 크기: 약 25~35mm
· 먹이: 나무 속, 나무껍질 등
· 사는 곳: 벚나무, 복사나무 등

영상으로 확인해 봐요!

## ★멋쟁이 하늘소★

하늘소는 가늘고 긴 몸과 길쭉하게 늘어진 더듬이가 있어요. 종에 따라 화려한 무늬나 색을 자랑하기도 하는 매력적인 곤충이지요.
성충은 장수풍뎅이처럼 날카로운 턱이 있어요.

우리나라에는 유리알락하늘소, 삼하늘소 등 다양한 하늘소가 서식하고 있고, 그중 장수하늘소는 천연기념물로 지정되어 있어요.

유리알락하늘소

삼하늘소

# 6화 동남아시아의 신기한 곤충 관찰

오늘은 동남아시아에 사는 다양한 친구들을 소개해 줄게요.

인도네시아에 서식하는 헥사종 중에서 버게티라고 해요.

안녕!

**헥사버게티 큰턱사슴벌레**

뿔이 사슴 뿔처럼 생겼어요. 정말 멋있죠?

내 뿔 멋지지?

이 친구는 리노세로스라고 합니다.

**리노세로스 큰턱사슴벌레**

*양대 산맥: 어느 분야에서 으뜸이 되는 두 세력을 산맥에 비유한 표현.

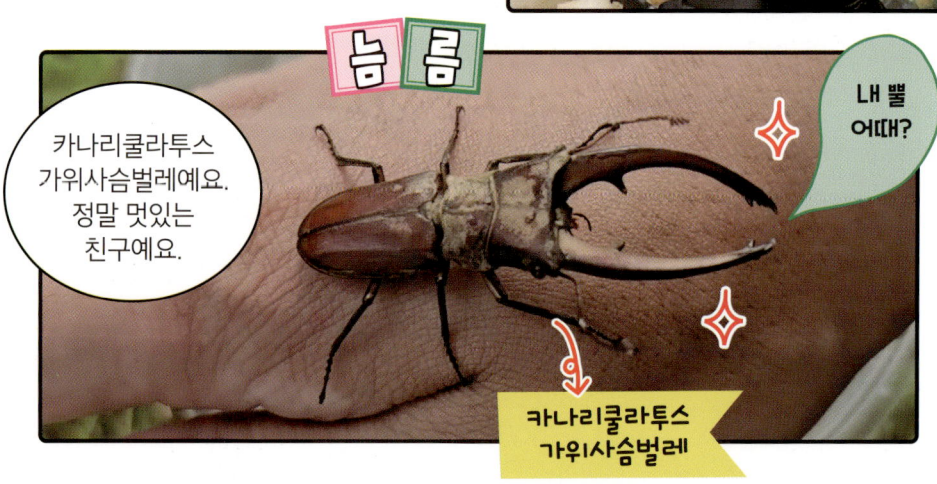

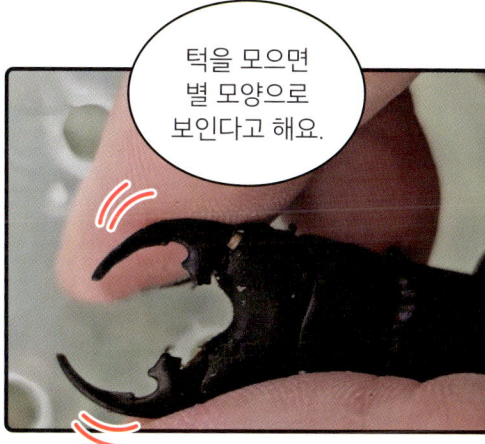

암수모자이크는 사슴벌레에서 많이 발현되지만 나비나 게한테도 많이 발현됩니다.

장수풍뎅이

우리나라에서 가장 크다고 알려진 장수풍뎅이예요. 엄청 큽니다.

뿔이 정말 우람하고 멋있죠?

이건 균사라고 해요. 버섯균을 톱밥 배지에 배양해서 유충에게 먹이면 더욱 크게 자랍니다.

균사

### 브린이를 위한 상식

균사란 곰팡이의 몸을 구성하는 세포를 뜻해요. 곤충의 몸을 크게 키우기 위해 균사를 먹이면서 기르곤 하는데, 이때는 버섯균을 톱밥에 배양해서 활용하지요.

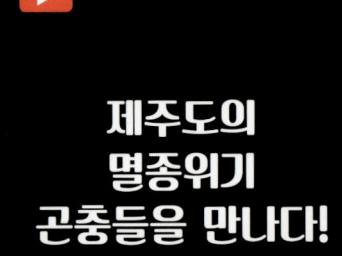

## 제주도의 멸종위기 곤충들을 만나다!

오늘은 특별한 보호종들을 만나러 왔어요!

제일 먼저 만나 볼 친구는?

제주도에서만 서식하는 제주도 고유종 두점박이사슴벌레입니다.

짜잔

반가워~.

7cm까지 커진다고 해요. 너무 멋지죠?

두점박이사슴벌레

### 브린이를 위한 상식

제주도에서만 서식하는 두점박이사슴벌레는 멸종위기 야생생물 2급으로 지정되어 있어요. 두점박이사슴벌레의 몸은 황갈색이며, 몸 가운데 짙은 선이 나타나 있어요. 큰턱의 끝에는 네 개의 작은 돌기가 있지요.

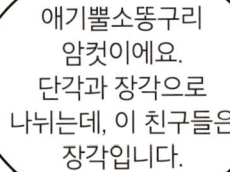

# 정브르의 곤충 탐구

우리 지구에는 멸종위기에 처한 동식물이 많아요.
대표적인 멸종위기 생물 목록으로는 세계자연보전연맹(IUCN)에서 지정하는 적색목록이 있어요.

### ★정브르의 곤충 탐구★

**곤충 이름: 물방개**

딱지날개 바깥 부분의 노란색 띠가 매력적인 물방개는 멸종위기 야생생물이에요. 연못이나 하천에 서식하면서 물속의 작은 생물이나 물고기를 잡아먹으며 살아가요.

- 크기: 30~40mm
- 먹이: 작은 생물
- 사는 곳: 연못, 하천 등

## ★우리가 보호해야 하는 동물들★

우리나라는 환경의 변화나 무분별한 남획으로 인해 개체 수가 감소한 동물을 멸종위기 야생생물로 지정하여 보호하고 있어요. 멸종위기 야생생물 1급은 멸종위기에 처한 동물, 2급은 처할 가능성이 높은 동물이에요.

멸종위기 야생생물 1급으로 지정된 동물에는 호랑이, 수달, 두루미, 장수하늘소 등이 있어요.

호랑이 →

두루미 →

# 7화 왕사마귀의 사냥 능력은?

이 친구는 갈색형 왕사마귀 암컷입니다.

왕사마귀

브르 안녕?

**브린이를 위한 상식**
왕사마귀는 평균 몸길이가 70~95mm로, 우리나라 사마귀 중에서 크기가 큰 편이에요. 메뚜기, 매미 등 커다란 곤충도 서슴없이 잡아먹지요.

그리고 이 친구는 자연에서 가끔 만나는 산민달팽이입니다. 최대 20cm까지 커진대요.

산민달팽이

**브린이를 위한 상식**
민달팽이는 우리에게 익숙한 일반 달팽이와 다르게 달팽이 집을 지니고 다니지 않아요. 이런 민달팽이 중에서도 산민달팽이는 약 15~20cm까지 커지는 대형 달팽이예요.

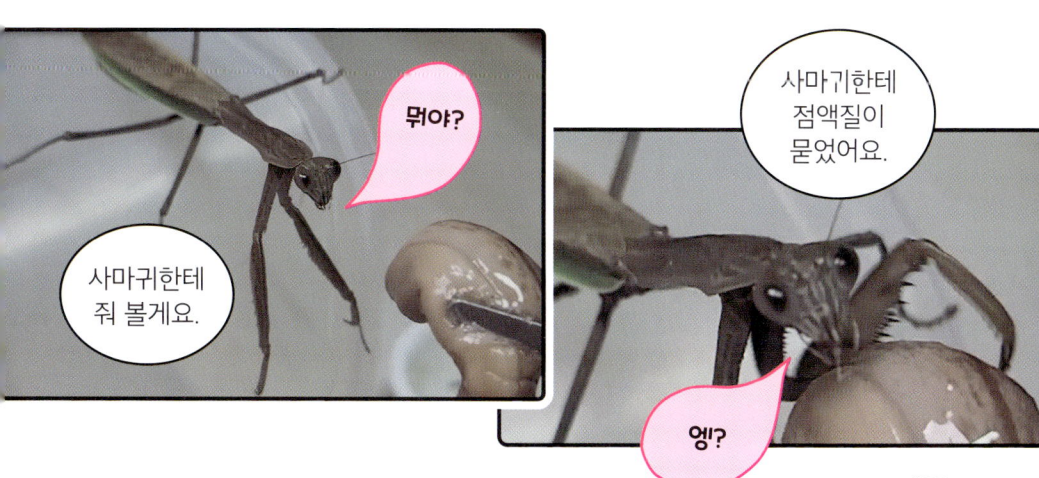

### 점액질에 의해 붙어버린 다리

오늘도 희귀한 별별 곤충 친구들을 소개해 줄게요.

**유충들의 독특한 사냥 방식**

넓적사슴벌레 번데기예요.

스티로폼으로 만든 인공 번데기 방에서 지내고 있네요.

넓적사슴벌레 번데기

우리나라에서 가장 크고 힘이 센 갑충 중 하나인 장수풍뎅이예요.

일본왕개미

일본왕개미도 있네요.

장수풍뎅이

"머리로 흙을 파고 들어가는 모습이 보이는데, 자세히 보면 털이 세밀하게 많아요."

"털로 바람이나 주변 물체를 파악하고 경계하면서"

"위험을 느끼면 굴로 신속하게 도망가는 감각을 지닌 친구들입니다."

안전한 땅속으로 들어가야지!

"저 검은색은 몸속에 있는 혈액이나 공기가 움직일 때 쓰는 기관이라고 해요."

"등이 참 신기하죠?"

"비단길앞잡이가 종령이 됐을 때는 이렇게 긴 사육장을 준비하는 게 좋습니다."

"다만 습도를 적당하게 유지해야 해요."

"너무 습해도 안 되고 너무 건조해도 안 되기 때문에 수시로 분무질해 줘서 습도를 유지하는 게 좋아요."

최고의 환경으로 부탁해~.

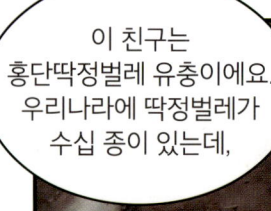
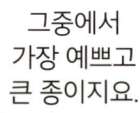

이 친구는 홍단딱정벌레 유충이에요. 우리나라에 딱정벌레가 수십 종이 있는데,

그중에서 가장 예쁘고 큰 종이지요.

홍단딱정벌레 유충

### 브린이를 위한 상식
홍단딱정벌레는 번데기 과정을 거치면서 성장하는 완전 변태 곤충이에요. 성충의 몸은 빨간빛을 띠는 검은색이고, 딱지날개에 여러 줄의 검은색 돌기가 나 있어요.

공격을 당하면 엉덩이 쪽에 있는 뾰족한 가시로 찌르면서 몸을 방어합니다.

이 친구는 3령, 거의 종령이에요.

동종포식을 거의 하지 않아서, 유충이 한 곳에서 많이 발견되기도 한답니다.

꿈틀

꿈틀

마디가 많고 몸이 유연해요.

자연에서는 달팽이 종류를 먹지만, 지렁이도 굉장히 잘 찾아 먹습니다.

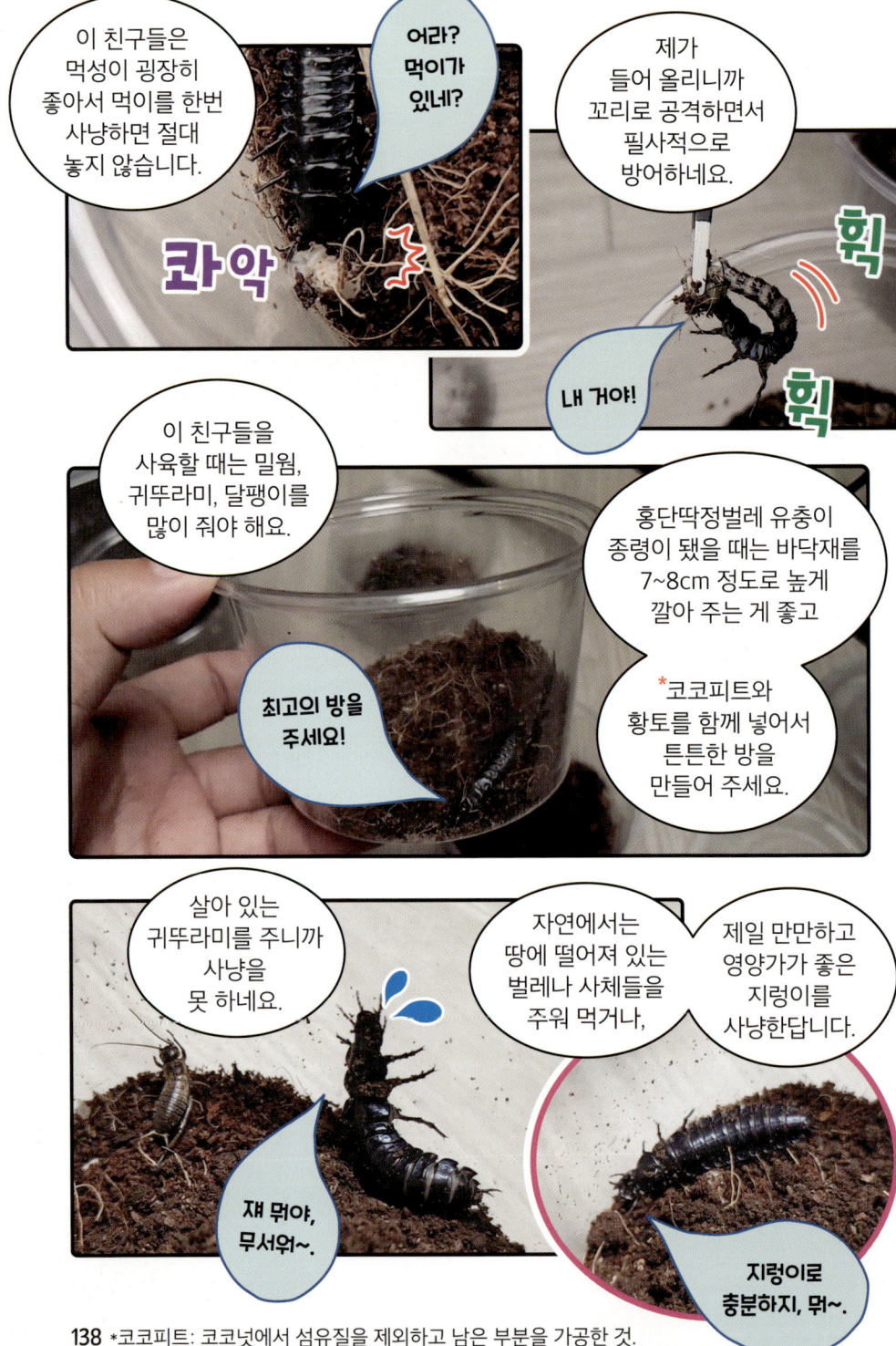

# 정브르의 곤충 탐구

곤충의 점액이나 독은 먹이를 사냥하는 공격 수단이 되기도 하고, 자기 몸을 보호하는 방어 수단이 되기도 해요.

★정브르의 곤충 탐구★

곤충 이름: 청딱지개미반날개

주로 '화상벌레'라는 별명으로 불리는 청딱지개미반날개는 페더린이라는 독성 물질이 있어요. 독성 때문에 청딱지개미반날개에 닿기만 해도 화상을 입은 것과 비슷한 통증이 나타나지요.

· 크기: 약 7~8mm
· 먹이: 곤충
· 사는 곳: 개천, 논, 밭 등

영상으로 확인해 봐요!

## ★곤충의 다양한 사냥법★

곤충들은 모두 저마다의 사냥법이 있어요. 물장군처럼 뾰족한 앞발과 독침으로 혼자서 사냥을 하는 곤충이 있고, 개미처럼 여러 마리가 함께 사냥하는 곤충도 있지요.

명주잠자리의 애벌레인 개미귀신은 사냥 방식이 특이해요. 개미귀신은 모래에 구덩이를 파고, 개미가 빠지면 잡아먹어요. 구덩이에 빠지면 쉽게 나올 수 없어서, 이 구덩이를 개미지옥이라고 부른답니다.

개미

개미귀신

## 브르의 미로 찾기

미로를 탈출해 도착지로 가요.

**유튜브 인기 애니메이션**

# 뚜식이

엉뚱 발랄 **뚜식이 뚜순이** 남매의 웃음 폭탄 이야기!

야~~!! 김뚜식~~

ㅋㅋㅋ ㅋㅋ

웃음과 감동 무제한 서비스! 뚜! 뚜! 뚜식이~♪♬

**뚜식이 특★판**

공포판

ⓒ뚜식이, ⓒSANDBOX NETWORK.

구입문의 02-791-0708 (출판마케팅) 서울문화사